FÊTE

DE

ST. VINCENT DE PAUL,

FONDATEUR DES ENFANS-TROUVÉS.

Notice historique sur sa Vie, et Récit touchant sur sa Captivité en Barbarie, ayant été pris par un Corsaire. — Son Retour en France, après avoir converti son maître. — Trait sublime qu'il fit dans le Bagne de Marseille, en prenant la place d'un Forçat pour le laisser aller embrasser sa Famille, etc., etc., etc., suivie du Bref du Pape Benoît XIII, pour la Béatification de saint Vincent-de-Paul.

PARIS.

CHASSAIGNON, IMPRIMEUR-LIBRAIRE,

7, RUE GÎT-LE-COEUR.

1843.

Saint-Vincent de Paul recueillant les Enfans abandonnés.

FÊTE
DE
St VINCENT DE PAUL.

Lorsque l'Église célèbre, le 19 juillet, la fête de saint Vincent de Paul, le héros de la charité chrétienne, l'illustre fondateur des Enfans-Trouvés, offrir aux personnes pieuses tout ce que la vertu, inspirée par la religion, a de plus sublime, c'est offrir la vie entière de saint Vincent de Paul, dont voici un abrégé.

Il naquit le 24 avril 1576, à Ranquinez, hameau de la paroisse de Pouy, diocèse d'Acqs, actuellement département des Landes. Dans son enfance, il gardait les troupeaux de son père, Guillaume de Paul; mais son goût pour l'étude le porta à entrer dans les ordres. Tonsuré en 1596, de la main de l'évêque de Tarbes, il fut revêtu du sacerdoce en 1600 par l'évêque de Périgueux, et fut nommé quelque temps après à la cure de Tish, une des meilleures de la province.

En 1605, étant venu à Marseille pour recueillir un héritage, il voulut revenir par mer à Narbonne; mais trois corsaires turcs croisaient dans les parages, et après un combat opiniâtre, ils s'emparèrent du navire et conduisirent en Barbarie ce qui restait de l'équipage.

« A notre arrivée, dit saint Vincent de Paul,
» nos maîtres, qui nous avaient complètement
» dépouillés, nous donnèrent à chacun une
» paire de caleçons, un hoqueton de lin avec
» un bonnet, et nous promenèrent par la ville
» de Tunis, où ils voulaient nous vendre. Après
» nous y avoir fait faire cinq à six tours, la
» chaîne au cou, on nous reconduisit au ba-

» leau, où des acheteurs vinrent nous visiter,
» tout de même que l'on fait à l'achat d'un
» cheval ou d'un bœuf, nous faisant ouvrir la
» bouche pour voir nos dents, palpant nos cô-
» tes, sondant nos plaies. La mienne consistait
» en un coup de flèche qui me servira d'hor-
» loge tout le reste de ma vie. On nous fit che-
» miner le pas, trotter et courir, lever des far-
» deaux, lutter pour voir la force de chacun,
» et mille autres brutalités. »

Vendu d'abord à un pêcheur, saint Vincent de Paul passa bientôt au pouvoir d'un vieux médecin arabe, grand chercheur de la pierre philosophale ; puis il échut, par héritage, au neveu de l'alchimiste, et enfin il fut acheté par un renégat de Nice en Savoie. Le saint esclave ayant converti une des femmes de cet homme, celle-ci ramena leur maître commun à des senti-mens religieux, et tous ensemble, se confiant à un frêle esquif, débarquèrent sur les côtes de France le 23 juin 1607.

Un peu plus tard, il devint aumônier de la reine Marguerite de Valois, et ensuite curé de Clichy. Dès ce moment, il se consacra tout en-tier au soulagement des misères humaines, dont il avait déjà fait lui-même une si rude épreuve, et on peut juger par le trait suivant que son cœur ne resta jamais froid devant aucune infor-tune.

Un jour, à Marseille, étant allé incognito visiter les forçats, il en vit un qui paraissait au désespoir, parce que son absence réduisait sa femme et ses enfans à la plus affreuse détresse. Touché de ses maux, saint Vincent de Paul, par un élan du plus sublime enthousiasme, se substitua, avec l'agrément de l'officier de ser-vice, à la place du forçat. Après avoir été con-

85

soler sa famille, celui-ci, pressé par un reste
d'honheur, vint de lui-même reprendre ses
fers et délivrer son généreux répondant.

Créateur des missions étrangères, qui de nos
jours envoient encore des ecclésiastiques dévoués
à porter les lumières de l'évangile à des nations
sauvages et barbares, afin de les civiliser et les
ramener au culte de Dieu, souvent ces pieux
missionnaires, après avoir affronté les plus
grands dangers, n'obtiennent pour récompense
de leur zèle que la palme du martyre.

On doit encore à saint-Vincent de Paul l'i-
dée première des associations de charité pour
les pauvres, les malades et les prisonniers.
Celle de l'hospice Saint Lazare, l'établissement
des Sœurs de la Charité pour les malades, d'Hô-
pital des Vieillards, et l'Hospice des Enfans-
Trouvés. Ce fut principalement dans cette der-
nière fondation que brilla tout le zèle de saint
-Vincent de Paul pour la charité dont son
cœur était pénétré.

Des rapports du lieutenant du Châtelet, il
résulte qu'à Paris il y avait chaque année trois
à quatre cents enfans et plus nouvellement nés
exposés et abandonnés dans la ville et les fau-
bourgs. D'abord ils furent remis dans une maison que l'on appelait *la Couche*, sise rue Saint-
Landry ; mais là leur misère trouvait peu de
soulagement : la plupart mouraient par défaut
de soins. Pour se délivrer définitivement de
l'importunité de leurs cris, on leur faisait pren-
dre des drogues qui les endormaient de force et
souvent pour toujours ; et s'ils échappaient à ce
danger, ils étaient vendus à vil prix ou donnés
à des femmes de mauvaise vie qui venaient les
demander. Toutes les privations, tous les mal-
heurs étaient donc réservés à ces pauvres créa-
tures.

Tant de maux excitèrent la pitié de saint Vincent de Paul en 1638. Il s'entendit avec plusieurs dames charitables, et fonda une maison pour recevoir les enfans trouvés.

Dès-lors, au milieu des nuits d'hiver, où la neige et la glace couvraient les rues, que de fois on vit ce bon prêtre, parcourant dans Paris les rues et les quartiers les plus écartés, pour recueillir les victimes délaissées qu'il réchauffait contre son sein.

Son zèle pour le bien de l'humanité était infatigable, aussi avait-on pour lui le plus grand respect. On raconte même que, dans une de ses excursions nocturnes, ayant été rencontré par des brigands armés, il n'eut besoin que de se nommer pour faire cesser leurs menaces; tous tombèrent à ses pieds et sollicitèrent sa bénédiction.

En fondant, en 1639, l'institution des Sœurs de la Charité, et dont madame Legras de Marillac fut la première supérieure, ainsi que des Enfans-Trouvés, saint Vincent de Paul avait bien pensé qu'il n'y avait que des femmes auxquelles on pût confier le soin des malades dans les hospices. Leur patience, leur douceur, leurs tendres soins, étaient pour lui un sûr garant du succès qu'il attendait de sa fondation. Son espoir ne fut pas trompé, et de nos jours nous jouissons de ce bienfait.

Entrez dans les hospices, ces pieux établissemens que nous devons à la charité chrétienne d'un simple prêtre; parcourez ces longues galeries de souffrances, séjour habituel de toutes les maladies qui affligent l'humanité, et où la mort plane sans cesse et frappe ses victimes; un morne silence règne dans ce séjour de douleur et n'est interrompu que par de sourdes plaintes

arrachées presque malgré lui au malade, ou
par les consolations que s'empressent de lui porter ces respectables sœurs. Partout règne une
propreté que l'on serait peut-être loin d'atten-
dre dans un lieu qui renferme tant d'élémens
de miasmes putrides. Aucune odeur désagréable
n'y vient frapper l'odorat ; l'on se croirait presque dans le salon d'une personne fortunée. A
qui doit-on ce bienfait ? Au zèle que déploient,
au nom de la religion, celles qui consacrent
leur vie à la passer tout entière au sein des dou-
leurs. Elles ne sont point excitées par l'espoir
d'une récompense : que dis je? une récompense!
elles la trouvent dans le bonheur d'avoir rempli
leurs devoirs. En butte quelquefois aux injures
que leur adressent des malades grossiers, elles
n'y répondent qu'en redoublant de soins pour
eux, et les forcent, par leur douceur, à se repentir de les avoir insultées.

Vivant au milieu de la population des villes
qu'elles habitent, rien n'excite leurs regrets.
La toilette, qui a tant d'attraits pour les personnes de leur sexe, n'en a pas pour elles; leur
parure, une robe de bure leur suffit. Les plai-
sirs mondains leur sont indifférens ; leur spec-
tacle, le tableau des misères humaines ; leurs
concerts, les plaintes des malheureux. Tout en-
tières à leur sublime dévoûment, soigner, con-
soler les malades, telles sont leurs occupations
journalières. Que l'on consulte les personnes
qui, par maladies ou blessures, ont été traitées
dans les hospices civils ou militaires, toutes
vous feront l'éloge de ces dignes sœurs; éloge
non flatté, mais qui part du cœur.

On pourrait peut-être croire que leur âge les
mettant à l'abri des faiblesses humaines, ou le
besoin, les ont engagées à se vouer au service

des malades ; que l'on se détrompe. La plupart, à peine âgées de vingt ans, appartenant à des familles fortunées, se sont consacrées à une entière abnégation d'elles-mêmes pour devenir la consolation des infortunés. Chargées de distribuer des secours aux malheureux ; elles les visitent, les consolent dans leurs peines, et deviennent pour eux et leurs enfans une seconde Providence.

O immortel bienheureux, saint Vincent de Paul ! du haut du ciel contemple ton ouvrage : tant qu'il existera un Français, ton nom se perpétuera de génération en génération, et ne sera jamais prononcé qu'avec un saint respect !

Il mourut, après de longues souffrances, à Saint-Lazare, le 27 septembre 1660, âgé de près de 85 ans. Il fut vivement regretté de toutes les classes de la nation. Béatifié par Benoît XIII, le 14 août 1729, et canonisé par Clément XII le 16 juin 1737, sa fête est fixée au 19 juillet.

Le 25 avril 1830, eut lieu processionnellement de l'archevêché de Paris, et au milieu d'un grand concours d'un peuple, à l'église dédiée à saint Vincent de Paul et située rue de Sèvres, la translation de la châsse renfermant ses entiers ossemens.

Cette châsse, d'un travail précieux et fini, placée au dessus du maître-autel de cette église, est exposée, pendant la neuvaine de ladite translation et la neuvaine de la fête, à la vénération des fidèles.

Par un mandement, Monseigneur de Quélen, archevêque de Paris à cette époque, arrêta que l'anniversaire de cette translation serait célébré à perpétuité le deuxième dimanche après Pâques.

Les personnes qui désireraient se procurer

les détails les plus circonstanciés sur cette translation, ainsi que les vie et œuvres, etc. de
Saint-Vincent de Paul, et son portrait petit
ou sa lithographie, peuvent s'adresser rue de
Babylone, n.º 5, au premier; elles trouveront
en même tout ce qui a rapport à ce modèle de
toutes les vertus chrétiennes.

Louis XVI lui fit élever une statue, comme
à l'un des plus illustres bienfaiteurs de l'humanité.

Quel est, en effet, le lieu où sa mémoire ne
soit en bénédiction? Quel est le hameau où sa
bienfaisance chrétienne n'ait pénétré? Quel est
l'asile de l'infortune qui ne retentisse de ses
louanges? quel est le malheureux qui ne lui
doive encore chaque jour son repos ou ses es-
pérances? L'enfance délaissée, la jeunesse en
péril, le vieillard sans appui, le malade sans
secours, le captif sans consolation, l'artisan
épuisé de travaux, le soldat fatigué de victoi-
res, la noblesse dans son honorable pauvreté,
l'innocence dans la détresse, le crime lui-même
dans son repentir ou ses remords, rien n'a pu
échapper à ses regards perçans, non plus qu'à
sa générosité miraculeuse. Ce n'est pas seule-
ment la France entière qui demeure saisie d'é-
tonnement à la vue des merveilles sans nom-
bre opérées dans son sein par ce nouveau mis-
sionnaire de la charité; ce sont à la fois des
royaumes étrangers, des peuples lointains, des
nations sauvages et barbares qui se taisent d'ad-
miration devant les conquêtes pénibles du bon
prêtre, autrefois simple berger, devenu pendant la vie, par son infatigable miséricorde, et
après sa mort par ses exemples, par ses disci-
ples, par ses institutions, le bienfaiteur, le père
et comme la Providence du genre humain.

Quelle est donc, en effet, je le répète, l'infortune que saint Vincent n'ait point soulagée? Quel est le mal auquel il n'ait pas apporté remède? Sa charité active embrasse le présent et l'avenir, les races présentes et futures. En lui la charité ne meurt point, et c'est par lui qu'elle existe encore parmi nous. Il ne néglige rien au milieu de tant d'affaires, dont une seule eût dû l'absorber tout entier; son zèle embrasse les pays les plus éloignés comme ceux qui l'environnent; enfin, c'est lui qui donna cet entraînement général au zèle, à la piété et à l'immense charité.

De ce siècle si beau aux yeux de la religion et si grand dans l'histoire de la monarchie française et de toute l'Europe.

Bref du Pape Benoît XIII pour la Béatification de Saint Vincent de Paul, du 13 Août 1729.

POUR PERPÉTUELLE MÉMOIRE.

« Le Seigneur, qui est également juste et miséricordieux, orne toujours de divers dons de sa grâce quelques-uns de ses plus particuliers serviteurs et élus, qu'il a prédestinés dès le commencement du monde, pour l'accomplissement de son œuvre; et quelquefois il lui plaît de manifester leur sainteté par des miracles et des prodiges, afin que sur la terre ses fidèles rendent les honneurs convenables à ceux que, dans le ciel, il couronne d'une gloire éternelle. Entre ces hommes choisis, le serviteur de Dieu Vincent de Paul, prêtre français, fondateur de la congrégation des prêtres de la Mission, et de la compagnie des Filles de la Charité, a brillé par tout le monde d'une manière singulière. Il a été embrâsé d'une si admirable charité envers Dieu et envers le prochain, qu'on peut dire, que son cœur avait reçu une étendue toute extraordinaire, par une abondante effusion du Saint-Esprit. Aussi fut-il continuellement occupé de la pratique des plus solides œuvres de la piété, et surtout du soin de gagner les âmes à Dieu. Il vit avec douleur les pauvres gens de la campagne, plongés pour la plupart dans les ténèbres de l'ignorance; et, pour les en tirer, il s'engagea, lui et les prêtres de sa congrégation, à les instruire des mystères de la foi catholique, à leur montrer le chemin du salut, et à leur expliquer les commandemens qu'il faut accomplir pour y arriver. Il s'attacha aussi avec un soin tout particulier à bien former les jeunes clercs, en un mot, il cultiva toutes les vertus. Étant revêtu d'une force toute céleste, il s'est montré, pendant tout le cours de son pèlerinage, c'est-à-dire tout le temps qu'il a passé sur la terre, un fidèle ministre et un courageux ouvrier. Il a travaillé infatigablement à cultiver la vigne du Seigneur; il a rempli l'Église universelle de la très suave odeur de ses parfums spirituels, et l'a enrichie, par une heureuse fécondité, des fruits les plus abondans; enfin, plein de jours et de mérites, aimé de Dieu et des hommes, il a heureusement terminé le cours de cette vie mortelle. Il est donc du devoir de la charge pastorale dont le Très-Haut nous a chargé, de ne pas laisser plus long-temps sous le boisseau une si éclatante lumière; mais il faut que, par notre ministère, elle soit placée sur le chandelier, afin qu'elle éclaire tous ceux qui sont dans la maison de Dieu pour la gloire du Tout-Puissant, l'honneur de l'Église catholique, la consolation et l'édification du peuple chrétien. C'est pourquoi la congrégation de nos vénérables frères les cardinaux de la sainte Église romaine, préposés aux sacrés rites, après avoir considéré et examiné avec les procès faits par la permission du siège apostolique, sur la sainteté de la vie du serviteur de Dieu Vincent de Paul, sur les vertus héroïques qu'on disait avoir relui dans sa conduite en bien des manières, et sur les miracles qu'on assurait que Dieu avait opérés par son intercession, pour manifester aux hommes sa sainteté; après avoir aussi entendu les suffrages des consulteurs dans la congrégation générale tenue en notre présence, ayant jugé d'avis unanime et animé d'un même esprit que ledit serviteur de Dieu pouvait être, quand nous le jugerions à propos, déclaré bienheureux; nous, ayant, volontiers égard aux pieuses et instantes prières qui nous ont été faites à ce sujet par notre très cher fils en notre Seigneur le très chrétien roi de France Louis, par notre très chère fille la très chrétienne reine de France, Marie son épouse, par plusieurs autres très hauts princes catholiques, par nos vénérables frères les archevêques et évêques de France, par nos chers fils, les autres ecclésiastiques du clergé du même royaume, avec l'avis et le consentement desdits cardinaux, de notre autorité apostolique, nous accordons par les présentes que ledit serviteur de Dieu soit désormais appelé bienheureux, que son corps et ses reliques soient exposés à la vénération des fidèles; que ses images soient ornées de rayons ou de gloire, et que tous les ans, au jour anniversaire de son bienheureux décès, on en fasse l'office et qu'on en dise la messe comme d'un confesseur, etc. »

Huit ans après, le 16 juin 1737, il fut canonisé par S. S. Clément XII.

PARIS. — Imprimerie CHASSAIGNON, rue Gît-le-Cœur.